Vente des Lundi 27 et Mardi 28 Janvier 1873

SALLE N° 3

Succession de M. Benjamin Gotholdt, comte de SCHLICK

PEINTURES

D'APRÈS L'ANTIQUE

SCULPTURES, BRONZES

TRAVAUX D'ARCHITECTURE, MEUBLES

EXPOSITION PUBLIQUE : le Dimanche 26 Janvier 1873

Me JULES HAMOUY	**M. CHARLES MANNHEIM**
COMMᵗᵉ-PRISEUR	EXPERT
rue Bleue, 1.	rue Saint-Georges, 7.

PARIS — 1873

Ve RENOU, MAULDE et COCK

IMPRIMEURS DE LA COMPAGNIE DES COMMISSAIRES-PRISEURS

Rue de Rivoli, 144.

NOTICE

DE

TABLEAUX

REPRÉSENTANT

Les principaux Monuments antiques des grandes villes d'Italie et de France
Restauration de Maisons découvertes à Pompéi et à Herculanum

MODÈLES ET SURMOULÉS

DE

GROUPES, STATUETTES, COUPES, VASES, PLATS, ETC.

En bronze oxydé d'argent, en galvanoplastie et en filigrane d'argent

DESSINS, PROJETS D'ARCHITECTURE, ALBUMS
ÉTUDES, ETC.

GRAND ORGUE MÉCANIQUE

COMPOSANT L'ŒUVRE

De Feu M. le comte Benjamin de Schlick

ET DONT LA VENTE AURA LIEU

Par suite de son décès

HOTEL DROUOT, SALLE N° 3

Les Lundi 27 et Mardi 28 Janvier 1873

A DEUX HEURES

Par le ministère de **Me J. HAMOUY**, Commissaire-Priseur,
rue Bleue, 1,
Assisté de **M. CHARLES MANNHEIM**, Expert, rue Saint-Georges, 7.

EXPOSITION PUBLIQUE

Le Dimanche 26 Janvier 1873, de 1 heure à 5 heures.

PARIS — 1873

CONDITIONS DE LA VENTE

Elle sera faite au comptant.

Les Acquéreurs paieront, en sus des adjudications, CINQ POUR CENT, applicables aux frais.

EXTRAIT D'UNE NOTICE

ÉCRITE EN 1849

Par **M. LETRONNE**

Membre de l'Institut de France.

Sur les Travaux de M. le comte de SCHLICK

———∾∾∾———

Les peintures de M. de Schlick ont été exécutées d'après un procédé qui diffère essentiellement de tous ceux qu'on emploie aujourd'hui ; il résulte de ce procédé une parfaite reproduction des originaux. Dans ces œuvres, comme dans celles des anciens, les contours sont reproduits par le simple contraste des teintes, comme dans la nature elle-même.

Ce principe était bien connu chez les Grecs, et il a été invariablement suivi par M. de Schlick dans la restauration de ces admirables ouvrages.

Les couleurs employées par lui sont d'une grande vérité ; elles n'ont pas de corps et sout parfaitement transparentes; leur effet diffère entièrement de celui que produisent les peintures à l'huile, à la gouache ou au pastel.

Dans ces dernières, on arrive à un certain degré de vérité et d'expression par de continuelles retouches, ou par des couches sans cesse répétées, tandis que dans les ouvrages que nous avons devant nous il est impossible de corriger la moindre imperfection ou de changer un seul contour faux une fois qu'il est colorié.

En dépit de la transparence et du brillant qui les distinguent, ces couleurs ne subissent aucun changement sous l'influence du temps; elles n'ont pas besoin du vernis, qui, en donnant un faux brillant aux teintes dans les tableaux modernes, ne manque jamais, après un temps donné, de les ternir et de les altérer. Et cependant les artistes de nos jours ne manquent pas de dire : « Ne jugez pas mon œuvre tout de suite; attendez un peu, et vous verrez au bout de quelques mois, quand j'aurai donné le vernis à mon tableau, la transparence des couleurs. »

On remarquera que le fond est brillant, tandis

que le coloris des figures et des arabesques est
toujours mat. De plus, ces figures possèdent l'avan-
tage d'être constamment dans leur jour, quelle
que soit la place qu'elles occupent.

De 1831 à 1841, M. de Schlick a fait, pendant
ces dix années qu'il a passées en Italie et en Sicile,
un très-grand nombre d'essais, qui ont eu pour
résultat de prouver de la manière la plus évidente
l'importance de ses découvertes et l'excellence de
ses travaux, lesquels ont reçu l'approbation et
des prix des principales Académies de l'Europe.
en même temps qu'ils ont valu à leur auteur des
distinctions et des récompenses honorifiques de
la part de presque tous les souverains.

Dans les peintures grecques, dont on trouve
encore les traces à Pompeï et à Herculanum, il
est à remarquer qu'on a toujours cherché à obser-
ver la plus grande simplicité d'encadrement : cet
encadrement n'est effectivement ni plus ni moins
qu'une ligne entourant le tableau, afin de l'isoler
de la paroi sur laquelle il est peint, cette ligne
n'ayant d'autre but que d'empêcher l'œil de
s'écarter du tableau. Quelle leçon pour nos pein-

tres modernes, surtout pour les peintres anglais, qui, généralement, entourent leurs tableaux d'un encadrement présentant une surface plus grande que le tableau lui-même !

M. de Schlick, dans ses remarquables travaux sur Pompéi et Herculanum, a su éviter cet écueil. Les cadres qu'il a composés pour ses tableaux sont d'une simplicité et d'une finesse exquises. Ils ne représentent en effet qu'une ligne d'entourage, conformément aux traditions de l'école antique, et il est surtout à remarquer que ces cadres étant plus étroits derrière que devant il en résulte que l'œil n'aperçoit aucune épaisseur. Cependant le tableau s'y trouve enfermé hermétiquement, et préservé, entre deux glaces, de la poussière et de l'humidité : deux avantages de la plus haute importance. De plus, ces cadres ne sont pas suspendus sur le mur par les moyens ordinaires, tels que des cordes, des clous, des tringles ou patères; il n'y a d'apparent que le tableau; et il est à lui seul la décoration du mur où il se trouve placé.

DÉSIGNATION

DES

TABLEAUX

Exécutés par M. de SCHLICK

ROMAGNE

1 — Six Dessins : A, Saint-Pierre à Pérouse. — B, Saint
Escolano. — C, Église du Crucifix, à Spoletta.
— D, La Forteresse, à Pérouse. — E, Forteresse
du comte Malatesta et du duc Valentino. —
F, Pont de Capicino, construit sous le règne d'Auguste.

2 — Six Dessins : G, Palais du cardinal de Frascati. —
H, Grotta Ferrata, près Rome. — I, Fontaine de
la Porte Saint-Roch. — K, Église de Grotta Ferrata. — L, Via del Mattone. — M, Cascatelle, à
Tivoli.

3 — Quatre Dessins : N, Temple de la Sybille à Tivoli.
— O, Vue de la façade de la Confraternité des
Nobles, à Pérouse. — P, Villa d'Est, près Tivoli.
— Q, Villa d'Est.

4 — Six Dessins : R, Saint Georges à Assise. — S, Saint
Pierre, à Assise. — T. La Cathédrale de Saint-
Rafino. — U, Cloîtres de Sainte-Marie. —
V, Tour de la forteresse d'Ostia. — W, La Forteresse d'Ostia.

5 — Quatre Dessins : A, Cascade de Tivoli et Temple de la Sybille. — B, Cascade delle Marmore, à Torni. — C, La grande Cascade, à Tivoli. — D, Le Pont Rio-Majeur, à Civita-Castellana.

6 — Deux Dessins : E, Villa Albani, près Rome. — F, Palais de la Commune, à Pérouse.

7 — Quatre Dessins : G, Grand Cloître du Couvent d'Assise. — H, Intérieur de Sainte-Agnès, hors la porte. — I, Église de la Casa-Santa, à Lorette. — K, Chœur de l'Église supérieure de Saint François, à Lorette.

8 — Six Dessins : E, Embouchure du Tibre. — F, Rotonde ou Mausolée à Théodoric. — G, La grande Place de Foligno. — H, Palais de Théodoric, roi des Goths. — I, Vue prise derrière le Palais du Délégué et du passage della Catena, à Ancône. — K, Porte de Tarni-Nami, à Ancône.

9 — Six Dessins : L, Cathédrale de Civita-Castellana. — M, Petit pont sur le fleuve, à Cimarra. — N, Vue de l'Aqueduc, hors de Spoletto. — O, Tombeau de la famille Plauzia. — P, Catacombes de Saint-Sébastien. — Q, Intérieur de la Bibliothèque Malatestiana.

10 — Quatre Dessins : Intérieur de Saint-Pierre, à Rome. — B, Intérieur de la Basilique de Sainte-Apolinaire. — C, Saint-Gracigliano.

11 — Quatre Dessins : E, Vue de la Forteresse de Civita-Vecchia. — F, Lazaret d'Ancône (vue et plan). — G, Place et Dôme de Sainte-Marie, à Spoletto. — H, Palais de Caprarola.

12 — Quatre Dessins : R, Château Saint-Ange, à Rome.
— S, Vue de Rome. — T. Façade du Palais de
Villa Madame. — U, Palais, dit Farnesina.

13 — Quatre Dessins : V, Dôme de la Cathédrale d'Ancône. — X, Fanal d'Ancône. — Y, Arc-
de-Triomphe de Trajan. — Z, Première cour du
Couvent d'Assise.

FRANCE

14 — Six Dessins : L, Maison-Carrée, à Nîmes. —
M, Amphithéâtre d'Arles.—N, Église Notre-Dame-
de-Grâce, à Arles. — O, Abbaye de Montmajor.
— P, Partie du Palais de Constantin. —
Q, Cloître de Sainte-Trophime.

15 — Six Dessins : R, Théâtre antique, avec la tour dite
de Rolland, à Arles. — S, Intérieur de la Chapelle de Sainte-Croix. — T, L'Entrée du nord
du Théâtre antique. — U, Partie des Corridors
de l'Amphithéâtre. — W, La Chapelle souter-
raine de Montmajor. — X, La principale entrée
de l'Amphithéâtre.

ROMAGNE

16 — Six Dessins : M, Vue de la Place, à Tolentino. —
N, Ruines d'un Arc-de-Triomphe à Auguste. —
O, La grande Place de Fano. — P, Église de
Sainte-Marie de la Guercia, à Viterbe. —
Q, Église de la Minerve, sur la place, à Assise. —
R, Sépulcre del Dante, à Ravenne. — S, La
Façade Sainte-Apollinaire. — T, Intérieur de
l'Église Saint-Vitale. — U, Saint-Ercolano. —
W, Cloître de Saint-Dominique.

17 — Onze Dessins : A, Panorama de Rome. — B, Temple de Castor et Pollux. — C, Temple d'Antoine et Faustine. — D, Temple de Vénus. — E, Temple de la Fortune virile. — F, Temple du Jupiter tonnant. — G, Temple du Panthéon. — H, Arc de Titus. — I, Porte d'Octave. — K, Le Colysée. — L...

18 — Cinq Dessins : A, Saint Pierre, à Rome. — B, Deux Anges de la coupole de Saint-Pierre. — C, Moïse, d'après Raphaël Mengs. — Le Cygne et les Enfants, d'après Raphaël Mengs. — E, Le Cygne et les Enfants.

19 — Tombeaux étrusques, près de Corneto.

20 — Panorama de Florence, entouré des principaux monuments de cette ville.

21 — Huit Colonnes du Palais vieux de Florence. Restion de M. de Schlick.

SICILE ET TOSCANE

22 — Intérieur du Monastère de Saint-Benedetto, à Monte-Reale.

23 — Intérieur de la Chapelle royale, à Palerme.

24 — Soixante-quatorze Mosaïques différentes des Chapelles royales et de Monte-Reale.

25 — Arabesques trouvées à Pompéi, et conservées au Musée de Naples.

26 — Le Côté d'une chambre, à Pompéi (non terminé).

27 — Fabrique de soufre, à Pozzuoli.

28 — Portion du port de Naples.

29 — Entrée aux Tombeaux antiques, à Pozzuoli.

30 — Église Saint-Pietro, à Toscanello.

31 — Décombres du Temple de Neptune, près Pozzuoli.

32 — Petite Église sur la route des Tombeaux, à Pozzuoli.

33 — Route antique des Tombeaux, à Pozzuoli.

34 — Restes du Theàtre de Pozzuoli, et Prisons de Saint-Janvier.

35 — Palais Gravina, à Montoliveto.

36 — Chapelle de Pietra-Santa, à Naples.

37 — Saint-Gennaro dei Poveri.

38 — Façade de Saint-Giovanni, à Carbonara.

39 — Intérieur de l'Église Santa-Maria, à Toscanella.

40 — Cave près la Grotte de Pausilipe.

41 — Même sujet.

42 — Vue de la seconde Porte du château, à Corneto.

43 — Panneaux appartenant à la chambre noire de Pompéi.

44 — Sujet analogue.

45 — Amour avec un ours blessé et un chien.

46 — Deux Amours et une Chèvre.

47 — Vue de l'Autel situé dans le premier Cloître de Santa-Maria-Novella, à Florence.

48 — Partie de l'intérieur de la Cathédrale de Sienne.

49 — Entrée de la Cathédrale de Sienne.

50 — Le Dôme de Prato, près Florence.

51 — Loggia-Albizzi (Florence).

52 — Sainte-Marie in Castello.

97 — Vue de la Porte del Carmine, du côté du Marché aux chevaux.

98 — Intérieur des Catacombes de Saint-Janvier.

99 — Vue du grand Escalier du Palais royal de Caserte.

100 — Porte Capuana, à Naples (Vue géométrique).

101 — Chapelle des Morts.

102 — Quatre Dessins : I, Vue de Sainte-Rosalie. — J, Vue prise entre le Temple d'Hercule et celui des Géants, à Girgenti. — K, Vue d'Alcaino, en venant de Monte-Reale. — I, Vue de Borglietto.

103 — Six Dessins : O, Tour de Julionova, à douze milles de Terre-Nuova. — P, Vue du Péage de Palini, à vingt lieues de Messine. — Q, Aqueduc. — R, La Source du fleuve, près Syracuse. — S, Petite Auberge. — T, Entrée d'un petit Palais sur la via del Duomo, à Syracuse.

104 — Six Dessins : I, Église du Crucifix, à Salerne. — J. — K, La Cathédrale d'Alcamo. — L, Le Tombeau du roi Theren, à Girgenti — M, Palais du prince Maletti. — N, Cathédrale de Castel Vitrano.

105 — Six Dessins : U, Porte-Neuve et partie du Palais royal à Palerme. — V, Hôpital sur la place del Duomo, à Syracuse. — W, Vue des ruines du Temple de Minerve à Syracuse. — X, Le Musée de Palerme. — Y, Cathédrale de Saint-Demetrio, près Palerme. — Z, Vue de la Cathédrale de Palerme.

106 — Quatre Dessins : A, Montagne où se trouvent les restes de l'antique Tindaro. — B, Vue de Tusa, en venant de Patti. — C, Château de Brolo, en venant de Giojosa. — D, Même château.

107 — Six Dessins : C, Tribunal de Palerme. — D, Vue
prise sur la montagne Monte-Pellegrino. —
E, Vue de la place de la Mairie, à Palerme. —
F, Cimetière des Suppliciés, à Palerme. —
G, Abbaye de Saint-Simon. — H, Église et Place
de Sainte-Marie, à Nuova de Palerme.

108 — Quatre Dessins : E, Vue de la Strada de Mezzo-
Toledo, route de Monte-Reale. — F, Monastère
et Chapelle de Sainte-Rosalie, à Valence. —
G, Intérieur de la Chapelle de Sainte-Rosalie. —
H, Première Chapelle en entrant à Sainte-Rosalie.

109 — Quatre Dessins : A, Route de Cefalie, à Palerme. —
B, Vue de Palerme, hors de la porte. — C, Imi-
tation d'une Ruine dans le jardin Sera-Disalio.
— D.

110 — Quatre Dessins : M, Palais de Biscari. — N, Vue
de Calatasini, en venant de Palerme. — O, Vue
de la ville Chiaramonte. — P, Cathédrale et
Hôpital de Saint-Paul, à Palazzolo.

111 — Quatre Dessins : Y, Vue du Théâtre antique, à
Palazzolo. — Z, Les restes de l'amphithéâtre de
Syracuse. — Ruines du Théâtre de Taormina
(Vue prise de la scène). — Ruines antiques du
même théâtre.

112 — Deux Dessins : A, Vue perspective de la Place et
de la Cathédrale de Palerme. — B, Cathédrale
de Messine.

113 — Quatre Dessins : E, Grande Fontaine sur la place
de la Cathédrale. — F, Forteresse de la ville. —
G, La Ville de Patti, près Tindaro. — H, Ruines
du Théâtre de Tindaro.

114 — Quatre Dessins : Q, Vue du Port de Palerme. —
R, Le Phare de Messine, sur le cap Peloro. —

S, Vue des Monastères de Saint-Benedetto à
Monte-Reale. — T, Anciens Murs de Taormina.

115 — Quatre Dessins : U, Ville de Cusa, en venant de
Patti. — V, La Côte dite Orenhia de Dionisio, à
Syracuse. — W, Porte impériale du Port de
Syracuse. — X, Vue des Tombeaux des capucins,
à Syracuse.

POMPEI

—

DESSINS AVEC PLANS

116 — Quatre Dessins : 1° Vue des restes de l'intérieur de
la maison dite d'Actéon. — 2° État actuel de
l'intérieur du Camp des Soldats, près Pompéi.
— 3° État actuel de la maison appelée d'Ancre,
rue du Mercure, à Pompéi. — 4° Chapiteaux
Colorites.

117 — Quatre Dessins: 1° et 2° Vue des ruines et restes du
Panthéon, à Pompéi. — 3° État actuel du Temple
d'Isis. — 4° État actuel et vue de la maison des
Bacchantes.

118 — Quatre Dessins : Maison de Diomède. — 1° Salle
de Bains. — 2° Campagne de Diomède. —
3° Moulin et Boulangerie. — 4° Académie de Mu-
sique.

119 — Quatre Dessins : 1° L'Entrée de Pompéi du côté de
Castellamare. — 2° Maison dite du Vase-d'Argent.
— 3° Maison dite du Grand-Duc Michel. — 4°
Camp des Soldats où sont actuellement les gar-
diens de Pompéi.

138 — Vue de la Rue des Tombeaux, en 1839, depuis la maison de Diomède jusqu'à l'entrée de la ville.

139 — Panorama de Pompéi.

140 — Faune et Bacchante.

141 — Vénus assise sur un cheval marin.

142-148 — Quatorze Dessins représentant chacun des groupes de deux figures (Herculanum). Ils seront vendus par deux.

149 — Deux Dessins : Néréide assise sur un monstre marin et Néréide assise sur un tigre (ancienne Stabia).

150 — Deux Amours et Bige traîné par des griffons.

151 — Victoire couronnée de lauriers (Maison des Bacchanales).

152 — Naïade nageant (Herculanum).

153 — Bacchante et Taureau.

154 — Bacchante et Centaure.

155 — Victoire ailée.

156 — Néréide et Cheval marin.

157 — Deux Dessins : Papillon dans un char traîné par un griffon et Sauterelle trainée par un perroquet.

158 — Le Génie de Pompée. Deux figures allégoriques.

159 — Quatre Figures. Non terminé.

160 — Génie sous la forme d'une jeune fille.

161 — Faune et Bacchante,

162 — Egée et Athra.

163 — Io et Epaphus.

164 — Achille et Briséis.

165 — Zéus, Iris et Heré.

166 — Hermès et Aphrodite.

167 — Triomphateur couronné par la Victoire.

168 — Narcisse et l'Amour.

169 — La Victoire et un Conquérant érigeant un trophée.

170 — Arès et Aphrodite.

171 — Ganymède et l'Aigle.

172 — Arès, Aphrodite et deux Enfants.

173 — Vénus pêchant à la ligne.

174 — Achille et Chiron.

175 — Dionysus et Sylène.

176 — La Division du globe (Maison de Méléagre).

177 — Scène comique (Maison du chirurgien à Pompéi).

178 — Femme jouant de la lyre (Maison du questor à Pompéi).

179 — Narcisse se mirant dans la fontaine (Pompéi).

180 — Faune et Bacchante (Pompéi).

181 — Amour chassant un lièvre.

182 — Divers Sujets.

183 — Arrivée d'Io en Egypte (Pompéi).

184 — Deux Dessins : Les Attributs de Mars et de Vénus (Chambre noire d'Herculanum).

185 — Amour dans un chariot traîné par deux cygnes.

186 — Méléagre et Atalante. Non terminé.

187 — Hercule étouffant les serpents.

188 — Héraklis, Déjanire et Hyllus (Herculanum).

189 — Le Jugement de Pâris. (Maison de Méléagre à Pompéi).

190 — Persée et Andromaque (Pompéi).

191 — Prêtre et Prêtresse devant un oratoire (Pompéi).

192 — Jeune Homme buvant dans une corne.

193 — Scène tirée de l'histoire de Médée (Pompéi).

194 — Vénus et Adonis (Pompéi, Maison du Chirurgien).

195 — Sacrifices à Priape.

196 — Persée et Andromède (Pompéi).

197 — Acteur tragiqne.

198 — Léda et ses enfants (Pompéi, maison du Poëte tragique.

199 — Bacchus et un Enfant (Pompéi).

200 — Sacrifices d'Iphigénie (Pompéi).

201 — Le Marché des Amours (Herculanum). Non terminé.

202 — Vénus Urania ou l'Espérance (Pompéi).

203 — Castor (Pompéi).

204 — Groupe de Bacchantes (Pompéi), maison des Bacchantes.

205 — Arrivée de Phryxus (Pompéi); maison du Poëte.

206 — Un Nain accompagné d'un Singe (Pompéi).

207 — Mercure et la Fortune (Pompéi).

208 — Groupe de Génies féminins (Pompéi).

209 — Apothéose (Pompéi).

210 — Groupe de Faunes et de Bacchantes.

211 — Faune et Bacchante (Pompéi).

212 — Faune et Bacchante (Pompéi).

213 — Figure de Jupiter (Pompéi). Non terminé.

214 — Sept Médaillons ronds : les Jours de la semaine figurés par des têtes mythologiques.

215 — Groupe de sept Génies (Pompéi).

216 — Centaure attaqué par un lion (Pompéi).

217 — Combat de deux centaures et d'un lion (Pompéi).

218 — Génies tressant des guirlandes (Pompéi).

219 — Deux Dessins : Animaux marins, Centaures et Tigresses.

220 — Amours poursuivant un cerf (Pompéi).

221 — Deux Dessins : Vases et divers Attributs (Herculanum).

222 — Vénus sur un cheval marin guidé par un Amour (Pompéi).

223 — Vénus et Amour pêchant (Pompéi).

224 — Génie de Diane et deux Figures de femmes (Pompéi).

2.5 — Triton et Dauphins (Pompéi).

226 — Masque à tête de chien; un prêtre d'Ambis était adoré sous cette forme en Égypte.

227 — Polyphème et Amour sur un dauphin.

228 à 237 — Environ cinquante Dessins variés avec et sans cadres (Ce lot sera divisé).

238 — Bel Album sur vélin représentant les détails d'architecture et d'ameublement des Tuileries et du Louvre, d'après Percié, dans une riche reliure en maroquin garni d'argent doré et renfermé dans une boîte en acajou.

239 — Autre bel Album représentant les plans, coupes et élévation du théâtre de l'Odéon, par M. de Schlick. Riche reliure et boîte.

240 — Autre bel Album représentant les plans, coupes et élévations des principaux théâtres de Paris, par

M. de Schlick. Riche reliure et boîte. Travail
appelé par l'auteur : *Les Parallèles des Théâtres*.

241 — Carton renfermant quantité d'études (plans, coupes,
élévations) sur les principaux théâtres de France.

242 — Carton renfermant quantité d'études concernant
la restauration du grand théâtre de Copenhague.

243 — Carton renfermant un projet de construction du
nouvel Opéra, plans, coupes, élévation.

244 — Divers Cartons renfermant des études diverses de
mécanique et d'architecture, ainsi que des pro-
jets de restauration de la grande mosaïque de
Pompéi.

245 — Divers Albums in-4 : suite d'études comprenant
les machines des divers théâtres modernes, les
cheminées, meubles, ornements et voitures;
plans d'édifices publics et particuliers; portes,
grilles, balustrades et éclairage; détails d'architecture et d'incrustation; ponts, charpentes et
toitures diverses.

246 — Quantité de Dessins, Études d'architecture et
autres, par M. de Schlick, qui seront vendus par
lots.

BRONZES ET FILIGRANES D'ARGENT

247 — Grand Plat rond en cuivre oxydé, représentant le
Triomphe d'Amphytrite.

248 — Grand et beau Groupe, d'après l'antique : Hercule
jeune terrassant un cerf. Sur socle en malachite.

249 — Diverses Epreuves du même sujet, non terminées.

250 — Modèle en bronze du Faune à la biche.

251 — Petit Groupe en cuivre oxydé : Hercule enfant. Sur socle en malachite.

252 — Diverses Coupes avec plateaux en filigrane d'argent et cuivre doré, ornées de bas-reliefs représentant l'apothéose de Napoléon Iᵉʳ, du roi Charles-Albert, etc.,

253 — Beau Plateau rond en galvanosplatie représentant au centre l'Ivresse de Silène.

254 — Statuette en bronze, d'après l'antique : Vénus.

255 — Bronze antique : Figure ithyphallique à pied de biche, provenant d'un trépied. Belle patine verte.

256 — Divers Vases en cuivre doré, quelques-uns avec panse en plâtre stéariné d'après l'antique.

257 — Grand Plat rond en cuivre oxydé : le Triomphe de Vénus.

258 — Statuette en bronze : le Faune à la biche.

259 — Plat en cuivre doré avec bas-reliefs au centre et médaillons au pourtour, représentant divers épisodes de la vie de Napoléon Iᵉʳ.

260 — Coupe ronde en cuivre doré, sur socle, avec pieds en cuivre argenté et malachite.

261 — Vase et Plateau en filigrane d'argent doré.

262 — Grande Tasse avec plateau en cuivre oxydé : Apothéose d'Homère.

263 — Plat rond en cuivre argenté et oxydé : l'Ivresse de Silène.

264 — Groupe en bronze doré, sur pied en malachite.

265 — Cheminée composée d'ornements et de bas-reliefs, style antique, en cuivre oxydé.

266 — Statuette en bronze argenté : Le Dieu Mars,
d'après l'antique.

267 — Reproduction en galvanoplastie de boucliers et
d'armures célèbres. Ce lot sera divisé.

268 — Plateau en cuivre doré, représentant l'Enlèvement
des Sabines.

269 — Divers Plateaux, Médaillons et Vases, en cuivre
argenté en partie.

270 — Figure du Faune à la biche en cuivre. Non ter-
minée.

271 — Deux Groupes : Hercule terrassant un cerf, en
bronze. Non terminés.

272 — Écritoire en malachite et bronze doré.

273-295 — Quantité de Modèles de groupes, statuettes,
vases, lampes, bas-reliefs, plats, coupes, mou-
lures, etc., par M. Benjamin de Schlick et autres,
d'après l'antique, qui seront vendus avec droit
de reproduction.

MEUBLES

296 — Grand Orgue mécanique, de forme monumentale,
en bois noir, garni d'ornements en cuivre argenté et d'un groupe allégorique en bronze
oxydé. Cet orgue est accompagné de vingt-cinq
rouleaux de rechange donnant des ouvertures
célèbres, des morceaux d'opéra et de danses, etc.,
des grands maîtres.

297 — Bibliothèque en bois de palissandre, à deux corps ;
le corps inférieur est orné sur le dessus d'une
mosaïque à damier, exécutée en jaspe et marbres
de diverses nuances.

298 — Deux petites Bibliothèques et une Étagère, de
même travail.

299 — Étagère fermant à une porte, garnie d'une glace
en palissandre et ornements en bronze oxydé.

300 — Deux Meubles-vitrines, sur pieds à têtes de lion, en
bois de palissandre, garnis de cuivre argenté.

301 — Quatre petites bibliothèques en bois de palissandre
et filets de cuivre.

302 — Grand Meuble-Vitrine en bois de palissandre,
garni de bronze doré.

303 — Guéridon en palissandre, garni de bronze doré ; le
dessus est orné de gouaches, par M. de Schlick :
Panorama de Saint-Pierre, de Rome.

304 — Bureau plat en bois noir, garni d'appliques en
cuivre argenté et oxydé.

305 — Divers Vases en terre peinte, imitation de vases
étrusques.

306 — Meubles courants : quelques pièces d'orfévrerie,
menus bijoux. Reproduction de présents offerts
à M. de Schlick : quelques dessus de tabatières
en or, avec chiffres en roses, etc.

TAPISSERIE

307 — Grande Tapisserie à la main, représentant la grande
mosaïque antique de Pompéi.

Vᵉˢ Renou, Maulde et Cock, imp. de la Compagnie des Commissaires-Priseurs,
rue de Rivoli, 144.   28372